Printed in Poland
by Amazon Fulfillment
Poland Sp. z o.o., Wrocław

50112538R00063